好きな色で自由につくれる

はじめての カラフル 切り絵

ゆまあひmaki

目次

はじめに　4

カラフル切り絵の つくり方

まず道具を揃えましょう　10

紙について　13

デザインナイフの使い方　15

きれいに切るには　17

基本のモノクロ切り絵　19

基本のカラフル切り絵　22

離れたパーツのある切り絵　25

ぐるぐる模様を切るには　28

カラフル切り絵 作品集

シルエットの切り絵 ——— 29
1. シルクハット／ 2. カトラリー／ 3. 花／ 4. 金魚／
5. ウサギ／ 6. コネズミと花／ 7. 小鳥と椿／
8. アルマジロ／ 9. ペンギン／ 10. フクロウ／
11. コブタ／ 12. ネコ／ 13. 森のキノコ／

フルーツと野菜 ——— 35
14. オレンジ／ 15. バナナ／ 16. カボチャ／ 17. ピーマン／
18. キノコ／ 19. 洋ナシ／ 20. チェリー／ 21. ブドウ／
22. サヤエンドウ／ 23. タマネギ

コラム●モノクロ切り絵のアレンジ　41

可憐な花々 ——— 43
24. バラ／ 25. 赤い花／ 26. 白い花のリース／
27. チューリップ／ 28. 赤い花のブーケ／ 29. パンジー／
30. ブルーフラワー／ 31. シクラメンのブーケ

美しい生きものたち ——— 51
32. イルカ／ 33. おしゃれハウンド／ 34. スワン／
35. 小鳥／ 36. ペリカン／ 37. ブルーバード／
38. ミツバチ／ 39. カブトムシ／ 40. 蝶／
41. 羽ばたく蝶／ 42. トンボ／ 43. テントウムシ

飾る 使う
くらしを彩る
カラフル切り絵 ——— 59
ウェルカムリース／特別な日のネームカード／
とっておきのギフトとして／大切な人へのカードに／
秘密の絵本のように／デスクトップのお楽しみ／
小さなステンドグラス／透け感を楽しむフレーム使い

アルファベット切り絵 ——— 73
44. アップルのA／ 45. ベアーのB／ 46. キャンディのC／
47. ドーナッツのD／ 48. エッグのE／ 49. フィッシュのF／
50. グレープのG／ 51. ハットのH／
52. アイスクリームのI／ 53. ジュースのJ／ 54. キーのK／
55. リリーのL／ 56. ムーンのM／ 57. ネックレスのN／
58. オニオンのO／ 59. ピッグのP／ 60. クイーンのQ／
61. ラビットのR／ 62. シェル（貝）のS／
63. ティーカップのT／ 64. アンブレラのU／
65. ヴェイン（羽根）のV／ 66. ホエール（クジラ）のW／
67. クリスマスのX／ 68. ヨットのY／ 69. ゼブラのZ／

くらしの風景とモノたち ——— 83
70. 月／ 71. ヨット／ 72. ボート／ 73. ランプ／
74. 三角屋根の家／ 75. 木

コラム● 和紙以外の紙も使ってみましょう　86
76. 花／ 77. 月と花模様

切り絵のモビール ——— 88
78. 白い花／ 79. 小鳥／ 80. ネコ／ 81. 椿／ 82. 魚／ 83. 羊

かわいい動物たち ——— 91
84. ウサギ／ 85. ネコ／ 86. アルマジロ／ 87. コゾウ／
88. ハリネズミ／ 89. ワニ／ 90. リスとキノコ／
91. リスと魔法の杖／ 92. バク／ 93. リス／ 94. 3匹の羊

物語のある切り絵 ——— 98
95. 未来のために／ 96. あれれ

カラフル切り絵
上級編 ——— 101
97. アール・ヌーヴォーの花／ 98. 野花のブーケ／
99. 夢見るゾウさん／ 100. お散歩ワニさん

コラム● 自由な色づかいでつくる
　　　　世界にひとつの切り絵　108

コピーして使える
はじめてのカラフル切り絵
 112

著者紹介　143

はじめに

　黒い紙を切って、後ろから和紙を貼る。

　たったこれだけのことを繰り返すだけで、まるでステンドグラスのようなカラフル切り絵ができあがります。自分好みの色にすることで、同じ図案でもまったく違った雰囲気のオリジナル作品になるのが楽しいところ！

　たくさんの色の中から、これだという色を探し出す作業は宝探しのようで、1枚1枚パーツが埋まっていくたびにワクワクします。試行錯誤してできた切り絵ですから、作品が完成すると思わずニンマリしてしまいます。

　そんなカラフル切り絵の魅力を多くの方にお伝えしたくて、はじめてでも簡単にできる図案を中心に、ちょっと難しい図案も取り入れて、100点の作品を掲載しました。ぜひ、カラフル切り絵にチャレンジしてみてください。

　多くの方に「ニンマリ」をお届けできれば幸せです。

ゆまあひmaki

ミ ツバチ
作品は 56ページ
型紙は 123ページ

赤 い花
作品は 44ページ
型紙は 119ページ

ペ ンギン
作品は 32ページ
型紙は 115ページ

ア イスクリームのⅠ
作品は 76ページ
型紙は 126ページ

あ れれ
作品は 99ページ
型紙は 138ページ

紙とナイフ、そしてのりだけで
こんなにもカラフル。
ひと色ひと色、紙と語り合うように
彩った花や動物たちは、
世界にひとつの宝物です。

おしゃれハウンド
作品は53ページ
型紙は121ページ

お 散歩ワニさん

作品は106ページ
型紙は142ページ

カラフル 切り絵の
つくり方

基本のモノクロ切り絵、そして色彩豊かなカラフル切り絵のつくり方をご案内。難しそうに見えますが、それぞれのポイントに注意しながら順を追って進めれば、きっと満足のゆく作品づくりが楽しめます。

切り絵のつくり方

まず道具を揃えましょう

デザインナイフ、のりなど、どれも身近なものですが、切り絵に適したタイプはこちら。
ちょっとした道具の選び方で、つくりやすさや作業の楽しさが違ってきます。

①—デザインナイフ

写真のようなデザイン用のナイフを使いましょう。ⓐは〈NT デザインナイフ D-400（軸最大直径9㎜）〉、ⓑは〈NT デザインナイフ DS-800P（軸最大直径6㎜）〉という製品で、軸の太さが違います。はじめはⓐ程度の太さのものをお薦めします。切り絵づくりにも慣れ、細かい図案を切ることが多くなってきたら、より細かい作業に適したⓑのような細めの軸のものも試してみてください。

2 — 替刃（30度）
デザインナイフの刃は、刃先の角度が30度のものと45度のものが一般的です。切り絵には刃先の細い30度のものが適しています。

3 — カッティングマット
できるだけ柔らかいタイプを選びましょう。マットが硬いとナイフをなめらかに動かしにくくなり、刃先も欠けやすくなります。

4 — ピンセット
先の曲がったタイプのものが、細かな作業に向いています。先端がきちんと重なるものを選びましょう。先がずれていると、薄い紙をうまく挟めません。

5 — はさみ
下絵の図案に合わせて、紙を切りやすい大きさにカットする場合などに使います。

6 — 水のり
少量だけを出しやすいよう、口が細いタイプを選びましょう。

7 — ペットボトルのフタと爪楊枝
水のりをペットボトルのフタに少量出し、爪楊枝で紙に付けます。

8 — パーツ置き用容器
細かなパーツを紛失しないように入れておける、ビンのフタや小皿などの容器。必須ではありませんが、あると便利です。できるだけ内側が白っぽく、プラスティックなど柔らかい素材のものが、パーツをピンセットで挟む時などに扱いやすいでしょう。

9 — ホッチキス、マスキングテープ、ペンタイプ強力のり
下絵（型紙）を切り絵用の紙に仮止めする時に使います。他にセロファンテープでも代用可能です。

10 — スプレーのり
細かく複雑な図案や大きな作品の場合は、下絵（型紙）の仮止めにスプレーのりを使います。貼ってはがせるタイプを選びましょう。また、できあがった作品を台紙に貼り付ける時にも使います。

カラフル切り絵のつくり方

オススメの道具

柔らかマット

カラフル切り絵にお薦めのカッティングマットは、伊勢型紙用のビニール下敷き。とても柔らかく、ナイフをなめらかに動かすことができます。興味のある方はインターネットで探してみてください。

そのまま使える水のり

色付けで大きなパーツを貼る場合、爪楊枝では急いで付けないと途中でのりが乾いてしまいます。容器から直接のりを出して付けるのが便利なのですが、適した製品は限られています。いろいろ試した中でお薦めできるのが、10ページ⑥の〈レイメイ藤井 液体のり 2WAYタイプ AN154〉という水のり。細ぬり側のノズルを使ってうまくのり付けできます。可能なら、文具店などで探してみたり取り寄せたりしてみてください。

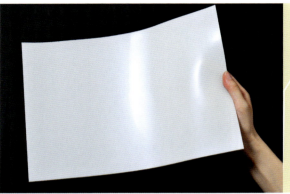

仮止め用ペンタイプのり

11ページ⑨のペンタイプ〈クレタケ おやっとのり／ボールタイプ〉は、乾く前はブルーの色をしていて、のりを付けた場所がわかりやすいのも利点。乾くと透明になります。ただし、のりが出過ぎたり、接着力が強すぎて下絵に付いてしまうと取れなくなることがあるため、色付け時に使うのは難しいでしょう。

紙について

切り絵の主役となる紙。ベースとなる切り絵用と色付け用、それぞれに選ぶ際のポイントがあります。

切り絵用の紙

　切り絵には、基本的に黒い紙を使います。切りやすい薄さでかつ丈夫な紙が理想です。切りやすくても薄すぎれば破れやすく、丈夫でも硬くて切りにくければきれいな切り口になりません。本書では、上質紙（厚口）、カラーケント紙、画用紙をお薦めしますが、同じ種類でも厚みや黒の色合いが微妙に違うものもあるので、いろいろ試して自分に合った紙を見つけましょう。

　また、本書の型紙をコピーする以外に、自分で下絵を描く場合は、コピー用紙などの薄い紙を使いましょう。切り絵用の紙と重ねて切るので、厚いと切りづらくなります。

色付け用の紙

　カラフル切り絵の色付けには、主に和紙を使います。写真のようなカラフルな色和紙、中でもグラデーションのある和紙がお薦め。独特の濃淡のある色合いが、切り絵に立体感やステンドグラスのような雰囲気を与えてくれます。さらに、同じ紙でも使う部分によってまったく違う色合いになるのも、おもしろいところ。同じ図案でも2つとして同じ作品はありません（108〜111ページをご覧ください）。

　また、和紙は種類によって厚さや質感、繊維の入り方などじつに様々。一見、同じ白い紙でも、紙の目の方向や凹凸、風合いや微妙な色味などそれぞれに違いがあるので、白い和紙だけでも、表情の違いを活かして印象的な作品ができます。いろいろな和紙を試して、楽しんでください。

カラフル切り絵のつくり方

オススメの和紙

むら染め和紙
厚手の和紙を水で濡らしてから揉み、上から染料をたらして染めた紙。種類や色も豊富で、切り絵でも使う機会の多い紙です。

板締め和紙
たたんだ紙を板の間に挟み、ひもで強く縛ってから染料に浸けて染めた紙。板の当たらない部分だけが染まり、独特のにじみ、ぼかしが現れます。切り絵用としては、同じようなグラデーションが取りやすい紙です。

雲龍紙
手でちぎったコウゾの長い繊維を漉き込んで、雲に乗った龍のような模様を表現した紙。コウゾの繊維が固まっている部分は硬いので、切る時に注意が必要です。

いろいろな紙

色付けに使う紙は、必ずしも上記のような和紙でなければ、というわけではありません。包装紙などの身近な紙もカラフル切り絵に使えます。86〜87ページを参考に、いろいろな質感や柄の紙で新しい発見を楽しんでください。

デザインナイフの使い方

デザインナイフの使い方は、切り絵づくりのいちばんのポイント。
なめらかできれいなラインを切るための基本を知っておきましょう。

デザインナイフは、鉛筆などと同じ感覚で、自然に持ちます。

基本の持ち方で無理なく安全に

　デザインナイフは写真のように、鉛筆やペンと同様の持ち方で使います。この時、刃先の向きは、鋭角にとがっている先端が向こう側、短い方が手前側になるように持つのが基本です。もう一方の手で紙をおさえながら切ってゆきますが、刃の向かう先に手を置かないよう充分に注意しましょう。

持っている指の中で軸を回しながら、
曲線を切るようにしてみましょう。

刃の動かし方

　横方向なら右利きの人の場合は左から右へ、縦は上から下へ向かって切るのが最も安定した切り方です。初めのうちは、無理のない安定した体勢で切れるよう、紙の位置や方向を変えて切るようにしましょう。

　円を切る時も同様で、初めのうちは紙を少しずつ回転させて切ります。ただし、この方法だと、切り口が少しカクカクとしてなめらかには切れないこともあります。慣れてきたら、ナイフの刃を回しながら、できるだけ刃を止めずに切るようにしてみましょう。こうすることで、よりきれいな切り口に仕上がります。

15

 切り絵のつくり方

刃先はこまめに交換

　どんなに上手な人でも、切れ味の悪いナイフでは紙をきれいに切ることはできません。替え刃を用意しておき、切れ味の悪い刃はすぐに新しい刃先に取り替えることが、きれいに切るための基本です。

　そのためには、刃先を時々チェックすることも大切です。ナイフの刃先が **A** のようにとがっている状態が正常で、**B** のように刃先が欠けていたら替え時です。また、時々、刃先だけで必要のない紙のパーツなどを持ち上げてみてください。刃先で軽く触れて、下の写真のように紙が持ち上がれば正常ですが、なかなか持ち上がらない場合は替え時です。

　上記のような不調がなくても、切れ味が落ちてきたと感じたらいつでも刃先を交換して、ベストな状態で使いましょう。

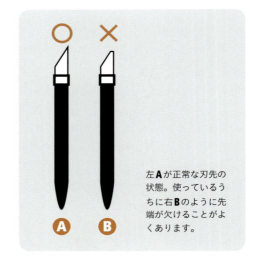

左**A**が正常な刃先の状態。使っているうちに右**B**のように先端が欠けることがよくあります。

刃が充分とがっていれば、刃先で軽く触れるだけで、小さなパーツが持ち上がります。

切れ味が落ちたら刃先を交換。袋から取り出す際などに、指先を切らないよう注意しましょう。

きれいに切るには

ちょっとしたポイントに注意することで、作品の仕上がりがぐんと違ってきます。
ナイフを使う時、いつも心に留めておきましょう。

少しだからといって引っぱって切り離してしまうと、円の中のような状態に。

刃の先端はしっかり紙に切り込んでいても、手元に近い側は少し浮いてしまいます。

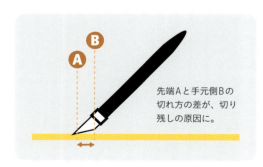

先端Aと手元側Bの切れ方の差が、切り残しの原因に。

決して「紙を引きちぎらない」

　切り絵という繊細な作業の中で「紙を引きちぎる」というと、「まさかそんなこと!?」と思う人が大半でしょう。でも、じつは誰もが「うっかり」やってしまいがち。切り取るべき紙のコーナーなどが、ほんの少しだけ切り離せずにつながった状態だと、つい「このくらいなら」と引っぱってしまいたくなるものです。ごく小さな部分ですから、引っぱって外しても、さほど目立たないように思えますが、こうして引きちぎられた跡があるだけで作品全体が雑に見えてしまうのです。必ず最後までナイフで切り取るようにしましょう。

「つい」引きちぎってしまう理由

　なぜ紙を引きちぎってしまうのかというと、それは「少しだけ」紙を切り残してしまうからです。もし切り残しがある程度の長さであれば、誰でも必ずナイフで切ろうとするでしょう。この「少しの切り残し」の多くは、角の部分など、ナイフの向きを変える場所で起こります。

　こうした部分で切り残しが起きるのは、ナイフの刃先が斜めであるためです。ナイフを動かしている時、上から見ると刃先は最後までしっかり切っているように見えます。が、実際は刃の手元に近い側は紙から浮いていることが多いのです。この状態でナイフを止めてしまうと、「ほんの少しだけの切り残し」ができることになってしまいます。

17

切り絵のつくり方

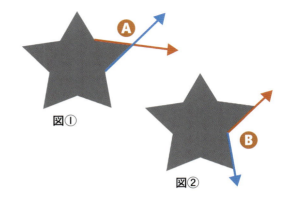

図①

図②

切り残しを防ぐには

とがった角 ● 図①の **A** のような凸型の角を切り出す場合、赤のラインを矢印方向へ、下絵よりも先まで切り込みます。次に青のラインも同様に、下絵より先まで切れば、角に切り残しができることはありません。

へこんだ角 ● 図②の **B** のような凹型の角は、角を起点にして切ります。まず赤いラインを矢印の方向へ切り、続けて青いラインも。切り始めに刃先をしっかりと角に入れることができるので、切り残しが少なくなります。

切り終わり ● また別の方法として、パーツの切り終わりで右の写真のようにナイフの刃を 90 度以上に起こすというテクニックもあります。刃を起こしてぎりぎりまで切り込むことで、切り残しを防ぐことができます。ナイフの扱いに慣れてきたら、試してみてください。

　これら 3 つのテクニックをパーツの形や場所に応じて取り入れて、切りやすい方法で切り絵づくりを楽しみましょう。

切り終わりでこのように刃を起こすと、切り残しを防ぐことができます。

下絵とずれても大丈夫！

　切り絵は下絵に沿って切るのが基本ですが、少しもずれず下絵とまったく同じように切る必要はありません。下絵通りに切ろうとしてナイフラインがガタガタになってしまうより、多少ずれても勢いのあるまっすぐな線で切った方が、きれいな切り絵ができあがります。下絵を外せばすべて黒い紙なので、ずれた部分も見えません。下絵にこだわり過ぎず、のびのびと切りましょう。

下絵の線とずれて切ってしまっても、下絵を外せばわかりません。

基本のモノクロ切り絵

道具と紙が揃ったら、さっそく切ってみましょう！ 基本となる1色の切り絵のつくり方を、実際の手順に沿ってご紹介していきます。

切り進め方のポイント

- 細かい部分、くり抜く部分、難しい部分から先に
  （大きな部分や輪郭を先に切ると、ちぎれやすくなります）
- 並んだパーツはできるだけ端から順に
- 細長い線や大きなパーツなど切ると弱くなる部分は後で
- 輪郭は最後に

1 型紙（113〜142ページ）をコピーまたはトレースして、下絵を用意します。

2 下絵を切り絵用の紙に重ねてホッチキスで固定します。この時、下絵全体が切り絵用の紙に収まるように気をつけましょう。

3 ここでは6カ所を留めました。仮止めにはマスキングテープやセロハンテープ、ペンタイプのりなどを使っても良いでしょう。20ページで示した順に下絵と紙を一緒に切ってゆきます。

19

カラフル切り絵のつくり方

4 まず、コネズミの体部分のハートa、bを切り抜きます。

5 シッポ側の小さなつぼみcを切ります。背中と茎の間は、切ると弱くなるので残しておきます。

6 並んだ花びらを端から順に切ります。小さい方の花d〜fを先に、大きい方を後に切りましょう。

切る順番

a→oとアルファベット順に切り進めます。

20

7 大きい方の花びらg〜kを端から切ります。

8 ハートと花、くりぬく部分をすべて切り終わりました。

9 次はコネズミの外側、ひげの部分 (l) とおしり側のつぼみとの間 (m) を切ります。

10 花の茎との間 (n、o) を順番に。

11 輪郭を切ってゆきます。まずはひげの細かい部分から。

12 続いて背中のカーブ。花の茎などの細い部分は後で切ります。

13 切り終わりました。下絵を外し、破れないよう注意してまわりの紙から取り出します。

14 モノクロ切り絵のできあがりです。

21

カラフル切り絵のつくり方

基本のカラフル切り絵

和紙などを使って色付けすれば、同じ図案が驚くほど華やかに、表情豊かに。下記のポイントに注意してカラフルな切り絵づくりを楽しんでください。

切り進め方のポイント

- 最初は19ページ1〜3のモノクロ切り絵と同じ手順で
- 1カ所パーツを切り抜くごとに色を入れる
- モノクロ切り絵と同様に、細かい部分、難しい部分を先に

1 モノクロ切り絵（19ページ 1〜3）と同様に下絵を固定し、まずハートをひとつ切り抜きます。ここではこの場所にピンクの和紙を使うことにします。

2 黒い紙を切り抜いて外したハート形のパーツを、色付け用の和紙の上に置きます。

3 パーツよりひとまわり大きく切り取ります。

4 ピンクのハートが切り抜けました。

5 ペットボトルのフタに、水のりを少量出しておきます。

6 切り絵の紙を裏返します。爪楊枝の先にのりを付け、切り抜いたハート部分のまわりに、点状に付けてゆきます。

22

思いどおりの色を使うコツ

　むら染めの和紙は、同じ紙でもグラデーションの場所によってまったく違う色合いになります。あまり誤差なく思い通りの色を切り取るには、以下の方法がお薦めです。

❶ 22ページ1の状態で、和紙の上に切り絵を置き、切り絵を動かして好みのグラデーションを探します。

❷ 「ここだ」と思う場所が決まったら、切り抜いたパーツを一旦、元の場所に戻し、今度はパーツだけを残して切り絵の紙を外します。

また、色を決める時には、切り抜いた穴の下に、いろいろな和紙を敷いてみるのも良い方法です。それぞれ置く位置を変えてみて、好みの色を探してください。

配色に迷ったら、切り抜いた穴の下から色和紙を当ててみましょう。

7 4で切り抜いたピンクのハートを貼り付けます。裏から貼るので、和紙の表裏を間違えないように注意しましょう。

8 ハート部分の色付けができました。

のり付けのポイント

- のりを点状に置くことにより、和紙を貼る前にのりが乾燥してしまうのを防ぎやすくなります。
- のりの量に注意しましょう。多すぎるとはみ出して下絵と切り絵の紙がくっついてしまいます。少なすぎたり、切り口から離れた場所に付けると和紙がうまく貼れません。
- のり付け作業は迅速に。時間がかかるとのりが乾燥してしまいます。

カラフル切り絵のつくり方

9 1〜7の作業を1カ所ずつくり返してゆきます。19〜21ページのモノクロ切り絵と同じ順番で、細かいところを先に、難しいところを先に、切ると弱くなる部分を後にして進めます。

10 ハート、つぼみ、花びらがすべて色付けできました。

11 輪郭もモノクロ切り絵と同様、細かいところを先に。

12 細い線になる部分は最後の方で切ります。

13 輪郭をすべて切り終えたら、周りの紙から下絵ごとそっと外します。

14 下絵を外します。

15 カラフルなコネズミのできあがりです。

離れたパーツのある切り絵

他の部分とつながりのない「離れたパーツ」がある図案も、手順に沿って進めれば大丈夫。ここでは、目とハート形の翼が「離れたパーツ」に当たる小鳥の図案でご説明しましょう。制作の基本的な流れは、基本のモノクロ切り絵／カラフル切り絵と同様です。

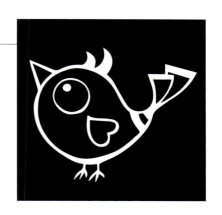

1 切り絵用の紙に下絵を固定します。

2 離れたパーツの中心部分から切ってゆきます。この場合は、黒目の部分です。小さな円は切るのが難しいかもしれませんが、親指と人差し指の間でナイフの軸を転がすようにして刃を動かしてみましょう。紙も回転させながら、半円ずつ切るのがお薦めです。

3 黒目を切り終えたら、失くさないよう、容器に入れておきましょう。

4 白目の部分（輪郭の内側）を切ります。切り抜いたら、基本のカラー切り絵（22〜23ページ）と同じ要領で、和紙で色を入れます。

5 白目部分の和紙の上に、3で容器に保存しておいた黒目のパーツを貼り付けます。

カラフル 切り絵のつくり方

6 目の輪郭（線の外側）を切ります。

7 目のまわりのラインを含むパーツが切れました。

8 翼のパーツも同様に、輪郭の内側を切り抜いて色を入れ、切り離します。

9 ふたつの離れたパーツができました。各パーツの下絵の紙ははがしておきます。

10 細かい尾の部分を先に色付けし、離れたパーツのある胴体を切ります。コーナーにしっかり刃を入れて、切り始めましょう。

11 大きな曲線も、できるだけガタつかないよう心がけて。切り抜いたら、和紙で色を入れましょう。

12 離れたパーツを貼り付ける前に、和紙の入った胴体の上に並べて、位置を確認します。位置が決まったら、並べたままでひとつずつ、貼り付けます。

13 小鳥のできあがり。

26

下絵と同じ位置にパーツを貼る方法

できるだけ下絵の図案と同じ位置にパーツを貼りたい場合は、以下のように、一旦切り抜いて外した紙を使います。

パーツの裏ではなく、貼り付ける先の和紙にのりを付けるのがポイントです。

25ページ4から続きます

黒目

4-1 和紙で色を入れた白目の部分に、4で切り離した黒い紙を元通りにはめ込みます。

4-2 はめ込んだ紙がずれないようにおさえながら、穴になった黒目の部分に爪楊枝でのりを付けます。はめこんだ紙を外して5に進みます。

26ページ11から続きます

目と翼

11-1 切り取った胴体部分を元のとおりにはめます。

11-2 はめ込んだ紙をおさえながら、くり抜かれた目の穴にのりを付けてゆきます。ここでは直接、水のりのノズルから付けています。

11-3 容器に入れておいた目のパーツを元の位置にはめ込み、のり付けします。

11-4 翼部分も同様に貼り付けたら、パーツは残したまま、はめ込んだ紙をそっと外します。

 切り絵のつくり方

ぐるぐる模様を切るには

曲線が変化しながら続くぐるぐる模様は、切るのが難しい図案のひとつ。でも、切る順番や向きを少し変えるだけで、ぐんと切りやすくなります。右図を参考に、ロールケーキで曲線の練習をしてみましょう。

ぐるぐる模様を切るポイント

- 角は切り残しのないようしっかりと切る
- 曲線は紙を回したり、ナイフの刃の向きを変えて切りやすい体勢で
- 刃を入れ直す時は、前の切り始め／切り終わり位置に正しくナイフを入れて、継ぎ目をきれいに

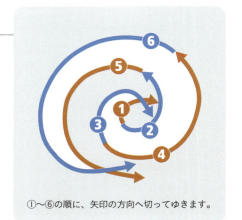

①〜⑥の順に、矢印の方向へ切ってゆきます。

1 図の①のラインを切ります。切り残さないよう、切り終わりは図案より長めに。

2 切り残しやズレがないよう慎重に、1で切り始めた場所にナイフを入れ、図の②のラインに沿って反対方向へ。

3 図の順に切り終えたら、ロールケーキの生地になる色和紙をのり付けします。

点サイズのパーツを貼るには

苺のつぶつぶのように「点」サイズの小さなパーツは、貼りたい位置にのりを置いて貼り付けます。

1 爪楊枝でのりを少しだけ置きます。

2 小さなパーツの移動にはナイフを使います。刃先で軽く触れてパーツを持ち上げ、そっと置くように貼りましょう。

シルエットの切り絵

色付け部分は少ないけれど、和紙の色がかえって印象的。
ビギナーさんにも作りやすい、黒地を活かした作品です。

Silhouette

1. シルクハット

色を貼るのはリボンと羽だけ。和紙のグラデーションで効果的に帽子の丸みを表現できます。

型紙は113ページ

2. カトラリー

見慣れた雑貨もおしゃれなモチーフに。流れるようなリボンの色付けがポイントです。

型紙は113ページ

3. 花

どんな色の花を咲かせるかはお好み次第。花びら5枚だけでも、充分華やかです。

型紙は113ページ

4. 金魚

桜を映した水面の下に金魚の揺れる影。
「和」の風情あふれる図案も和紙にぴったり。

型紙は113ページ

5. ウサギ

こちらも和の雰囲気が漂う十五夜のウサギ。
2つの丸は月にもお団子にも見立てられます。

型紙は114ページ

6. コネズミと花

自分より大きな花を携えたコネズミくん。
顔を描かなくても愛らしい作品になります。

型紙は114ページ

Silhouette

7. 小鳥と椿

小鳥のシルエットに真っ赤な椿を添えて。
春を告げる歌声が聞こえてきそうです。

型紙は114ページ

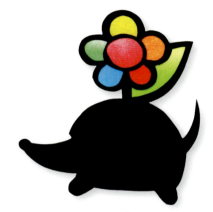

8. アルマジロ

堅い甲羅を着込んでいても、心の内にはこんなお花が咲いているのかもしれません。

型紙は114ページ

9. ペンギン

愛きょうたっぷりの動きを、後ろ姿のシルエットで表現しました。

型紙は115ページ

➡ 小さな作品を2つ3つと組み合わせて飾ることで、物語が生まれます。

短い足でヨチヨチがんばるペンギンくん。
イタズラな風に自慢のシルクハットが
飛ばされたから、さぁたいへ〜ん！

Silhouette

10. フクロウ

お腹のぐるぐる模様がチャームポイント。
28ページを参考にトライしてみましょう。

型紙は 115ページ

11. コブタ

カラフルな模様をまとったコブタくん。
鼻の穴の貼り方は28ページを参考に。

型紙は 115ページ

12. ネコ

お腹には大好物の魚柄。首輪の配
色がアクセントになっています。

型紙は 115ページ

13. 森のキノコ

色和紙のグラデーションをうまく使え
ばぽってりとした形が表現できます。

型紙は 115ページ

Fruits and Vegetables

フルーツと野菜

暖かみのある和紙の色は、フルーツや野菜の自然な色の表現にもうってつけ。
味わいのある質感を活かして、おいしそうな切り絵に仕上げましょう。

Fruits and Vegetables

14. オレンジ

みずみずしい断面を多色使いで表現。黄色やグリーンを多く使えばレモンになります。

型紙は116ページ

15. バナナ

おしゃれなボーダーと水玉柄は、作品を丈夫にする効果もあります。

型紙は116ページ

16. カボチャ

ボコボコとした実の形を、和紙の
グラデーションで強調しました。

型紙は116ページ

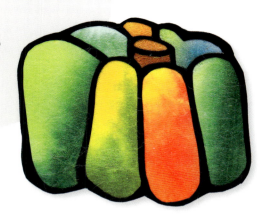

17. ピーマン

断面の形のおもしろさに着目。自然の
デザインにはいつも発見があります。

型紙は116ページ

18. キノコ

配色が毒キノコのようになっても大丈夫。
最近では盆栽として観賞用にも人気です。

型紙は117ページ

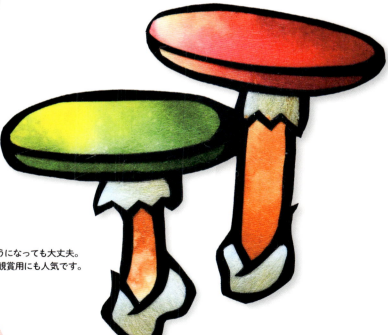

さわやかな香りが漂ってくるようなこの色合い
"ラ・フランス・グリーン"と名づけましょうか

19. 洋ナシ

独特の曲線フォルムに三角と円の大胆な組み合わせ。レトロモダンな図案です。

型紙は117ページ

20. チェリー

格子柄で抽象画風に。ちょっと大人のおしゃれなサクランボになりました。

型紙は118ページ

21. ブドウ

1つずつの実を微妙に違う色合いにすることで、ぐんとブドウらしくなります。

型紙は117ページ

グリーンや茶色だけなんてつまらない！
思いのままの色づかいで、身近な野菜たちだって、
ぐんとチャーミングなモチーフに

22. サヤエンドウ

サヤはきれいなグリーンでエンドウらしく。実は大胆な配色を楽しみましょう！
型紙は118ページ

23. タマネギ

色和紙独特の"むら"が、おどろくほどリアルにタマネギの皮を再現してくれます。
型紙は118ページ

モノクロ切り絵の アレンジ

ナイフならではのクリアな線と明暗のバランス…切り絵独特の魅力がより引き立つのがモノクロ切り絵。一見地味なようですが、なにも「黒い紙」に限定する必要はありません。どんな色で切っても良いですし、さらに色違いで2枚重ねれば、また違った世界が広がります。本書の図案でも、ぜひ試してみてください！

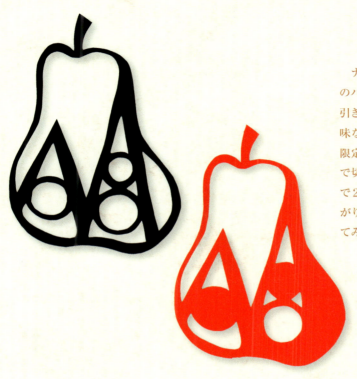

←赤い方は円の中をくり抜かず、そのままの形にアレンジ。黒と重ねた時に効果的です（次ページ参照）。

↑こちらはまったく同じ2枚。どちらを上に重ねるかでも印象が変わります。

どんな色でも、重ねても、楽しみ方は自由自在！
同じ下絵から、多彩な作品世界が広がります。

モノクロ切り絵の2色重ね。レトロモダンな雰囲気になりました。

可憐な花々

なにより、色の美しさ、彩ることの楽しさを満喫できるモチーフです。
思いのままに色付けして、切り絵の花園を咲かせましょう。

flowers

24. バラ

黄色でグラハム・トーマス、ピンクでラ・フランスなど、ぜひ色違いも楽しんで。
型紙は119ページ

25. 赤い花

お辞儀をしているような、茎の曲線がポイント。なめらかな線に切りましょう。
型紙は119ページ

➡ 一輪挿しのように、さり気なく飾るだけでも、ハッと目を引く華やかさ。

flowers

26. 白い花のリース

マーガレット風の花を3つ連ねて、リースのような図案に。リボンの色がアクセントです。

型紙は119ページ

27. チューリップ

開き始めた花びらのふっくらとした形と、流れるような葉の曲線が主役です。

型紙は120ページ

28. 赤い花のブーケ

花の色、リボンの色の組み合わせで色々なバリエーションが楽しめます。

型紙は120ページ

flowers

29. パンジー

冬も健気に咲くパンジーは、コントラストの利いた配色がチャームポイント。

型紙は121ページ

30. ブルーフラワー

花びらも中心の色もお好みで。想像力を全開にして夢の花を咲かせましょう。

型紙は120ページ

31. シクラメンのブーケ

恥じらうような花とハート形の葉、どこか
奥ゆかしさのある可憐な花束になりました。

型紙は121ページ

花言葉はそのまま「はにかみ」。小さ
なつぼみも愛らしいアクセントです。

Beautiful Creatures

美しい生きものたち

かわいいだけじゃない、優美なボディラインや華麗な羽根の色も。
生きものたちへの賛美をこめて、彩り豊かな作品に仕上げました。

Beautiful Creatures

32. イルカ

水面高くジャンプしたその瞬間を切り絵に。
2色のラインが流線型の体を引き立てます。

型紙は122ページ

海のアイドルに人類のベストフレンド。
響き合う色に、
憧れと遊び心をたっぷりこめて

33. おしゃれハウンド

スラリとした体型を華やかな模様で飾りました。長いシッポもきれいなラインで。

型紙は121ページ

34. スワン

エレガントなスワンには、気品ある百合の花がよく似合います。

型紙は121ページ

シアワセ色の小鳥がフワリと舞い降りて、バラが頬を染めたら、それはきっと幸運のサイン！

35. 小鳥

翼と尾羽の色選びがポイント。配色を
変えるとまったく違う小鳥に見えます。
型紙は122ページ

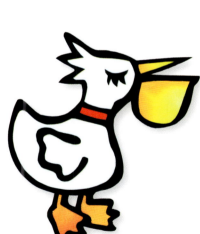

37. ブルーバード

バラと小鳥のロマンティックな出会いです。
鳥もバラもグラデーションを上手に活かして。
型紙は122ページ

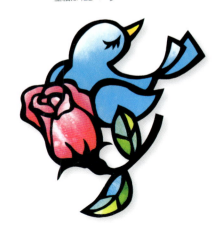

36. ペリカン

気どった様子のペリカンは、
チョーカーがアクセントカラーに。
型紙は122ページ

Beautiful Creatures

38. ミツバチ

小さな花からもせっせと蜜を集める働き者。
触角と茎がちぎれないようご用心を。

型紙は123ページ

39. カブトムシ

鳥や虫をモチーフにしたアール・ヌーヴォー
をならって、木の葉で優美に飾りました。

型紙は123ページ

40. **蝶**

できるだけ左右対称に色和紙を使うといっそう蝶々らしくなります。

型紙は123ページ

41. **羽ばたく蝶**

細かいけれど、1カ所ずつ配色を考えて色付けすると、こんなに華麗な蝶に。

型紙は123ページ

Beautiful Creatures

42. トンボ

こちらもアール・ヌーヴォー調のイメージで。
オレンジ系の配色で季節感も出しました。

型紙は124ページ

43. テントウムシ

背中の水玉を花の形にアレンジしました。
木の葉は羽根の赤が映える緑で。

型紙は124ページ

ウェルカムリース

アルファベットの切り絵を並べて、楽しいウェルカムリースはいかがでしょう？ すべての文字を作らなくても、充分に効果的。ついドアを開けたくなるおもてなしです。

66. ホエール（クジラ）のW
作品は81ページ／型紙は128ページ
46. キャンディのC
作品は74ページ／型紙は125ページ
56. ムーンのM
作品は78ページ／型紙は126ページ

飾る 使う くらしを彩る カラフル切り絵

夢中でつくった作品に、ひとり「ニンマリ」だけではもったいない！
くらしの中で飾って、使って、日常もちょっとカラフルにしてみませんか？

特別な日の
ネームカード

大切な人のおもてなしや友だちとの記念日は、美しい切り絵をあしらったデコレーションでテーブルをちょっと特別な装いに。招かれた人にも素敵な思い出になるはずです。

21. **ブドウ**

作品は39ページ
型紙は117ページ

14. **オレンジ**　　20. **チェリー**

作品は36ページ　　作品は39ページ
型紙は116ページ　型紙は118ページ

とっておきのギフトとして

手間ひまかけた作品だからこそ、
受けとる人の感激もきっと格別です。

41. **羽ばたく蝶**

作品は57ページ
型紙は123ページ

大切な人へのカードに

お祝い、お礼、ご挨拶…
遠く離れたあの人への、心を込めた便りに。

40. **蝶**
    作品は57ページ
    型紙は123ページ

33. **おしゃれ
    ハウンド**
    作品は53ページ
    型紙は121ページ

32. **イルカ**
    作品は52ページ
    型紙は122ページ

71. **ヨット**
    作品は84ページ
    型紙は129ページ

デスクトップの お楽しみ

小さなカードやファイルの表紙に貼れば、
机の上が小さな癒しのコーナーに。

秘密の 絵本のように

作品を組み合わせて自分だけの絵本に。
空想の翼が広がる1冊になります。

73. ランプ
作品は85ページ
型紙は129ページ

74. 三角屋根の家
作品はは85ページ
型紙は130ページ

70. **月**
 作品は84ページ
 型紙は129ページ

75. **木**
 作品は85ページ
 型紙は130ページ

34. **スワン**
 作品は53ページ
 型紙は121ページ

93. **リス**
 作品は97ページ
 型紙は136ページ

85. **ネコ**
 作品は92ページ
 型紙は134ページ

91. **リスと魔法の杖**
 作品は96ページ
 型紙は136ページ

7. **小鳥と椿**
作品は32ページ
型紙は114ページ

5. **ウサギ**
作品は31ページ
型紙は114ページ

4. **金魚**
作品は31ページ
型紙は113ページ

小さな
ステンドグラス

光を通すと輝くような色に。窓辺に置くだけで、ステンドグラスの雰囲気です。

10. **フクロウ**
   作品は34ページ
   型紙は115ページ

6. **コネズミと花**
   作品は31ページ
   型紙は114ページ

8. **アルマジロ**
   作品は32ページ
   型紙は114ページ

12. **ネコ**
   作品は34ページ
   型紙は115ページ

11. **コブタ**
   作品は34ページ
   型紙は115ページ

3. **花**
   作品は30ページ
   型紙は113ページ

透け感を楽しむ
フレーム使い

少し上達したら、ぜひシースルーのフレームでステンドグラスのような効果を満喫しましょう。ただし、色和紙のはみ出しや隙間が目立つので、気をつけて！

38. **ミツバチ**
作品は56ページ
型紙は123ページ

9. **ペンギン**
作品は32ページ
型紙は115ページ

25. **赤い花**
作品は44ページ
型紙は119ページ

26. **白い花
のリース**
作品は46ページ
型紙は119ページ

27. **チューリップ**
作品は47ページ
型紙は120ページ

98. **野花
のブーケ**
作品は103ページ
型紙は140ページ

29. **パンジー**
作品は48ページ
型紙は121ページ

42. **トンボ**

作品は58ページ
型紙は124ページ

100. **お散歩
ワニさん**

作品は106ページ
型紙は142ページ

+ **魚**

参考作品

色和紙ならではの繊細なグラデーションが際立ちます。

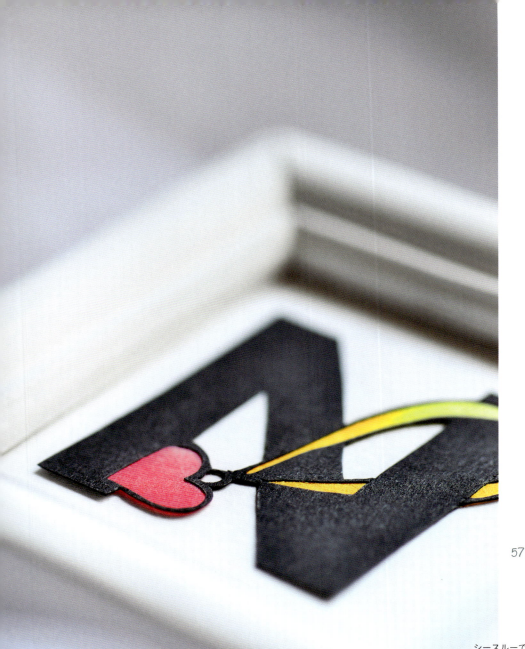

57. ネックレスのN

作品は78ページ
型紙は126ページ

シースルーでなくても額に入れることで、ぐんと引き立ちます。小さな作品も、おしゃれに飾って。

アルファベット切り絵

AからZまで、頭文字になるモノと組み合わせた、楽しい26文字です。
ABCを覚えはじめた子どものためにつくってもステキですね。

Alphabet

pple

44. アップルのA
型紙は124ページ

ear

45. ベアーのB
型紙は124ページ

andy

46. キャンディのC
型紙は125ページ

47. ドーナッツのD

型紙は125ページ

48. エッグのE

型紙は125ページ

49. フィッシュのF

型紙は125ページ

Alphabet

50. グレープのG
型紙は125ページ

51. ハットのH
型紙は125ページ

52. アイスクリームのI
型紙は126ページ

76

53. ジュースのJ

型紙は126ページ

54. キーのK

型紙は126ページ

55. リリーのL

型紙は126ページ

Alphabet

56. ムーンのM

型紙は126ページ

57. ネックレスのN

型紙は126ページ

58. オニオンのO

型紙は127ページ

59. ピッグのP

型紙は127ページ

60. クイーンのQ

型紙は127ページ

61. ラビットのR

型紙は127ページ

62. シェル(貝)のS
型紙は127ページ

63. ティーカップのT
型紙は127ページ

64. アンブレラのU
型紙は128ページ

65. ヴェイン（羽根）のV

型紙は128ページ

66. ホエール（クジラ）のW

型紙は128ページ

67. クリスマスのX

型紙は128ページ

Alphabet

acht

68. **ヨットのY**
型紙は128ページ

ebra

69. **ゼブラのZ**
型紙は128ページ

Scene and Things

くらしの風景とモノたち

身近な風景やくらしの道具もおもしろいモチーフに。
2つ3つと組み合わせれば、物語のワンシーンのようにも見えてきます。

Scene and Things

70. 月

ナイトキャップにやさしい寝顔。おとぎ話に出てくるようなお月様です。

型紙は129ページ

71. ヨット

夏の海を思い浮かべて、帆は、さわやかなトリコロールにしてみました。

型紙は129ページ

72. ボート

こちらは秋の湖の趣きで。色和紙の"むら"が木の肌合いにぴったりです。

型紙は129ページ

73. ランプ

暖かみのある和紙の黄色が、古いランプの光のぬくもりを伝えてくれます。

型紙は129ページ

74. 三角屋根の家

おとぎ話の主人公が住んでいそうな一軒家。アクセントに旗を立ててみました。

型紙は130ページ

75. 木

てっぺんに留まった小鳥がポイント。紅葉の色を付けてもステキです。

型紙は130ページ

和紙以外の紙も使ってみましょう

　カラフル切り絵の色付けは、必ずしも和紙でなければいけないということはありません。たとえば、このページの2作品は、どちらも和紙以外の紙でつくったものです。チラシや広告、包装紙など、身の回りのいろいろな紙で、色やグラデーションが気に入るものがあれば、ぜひ取り入れてみましょう。

どんな紙でも使いたい形を切り取れる大きささえあればOKです。

76. 花

印刷物の赤い実もまた、かんざしのよう。和テイストの花のかんざしです。

型紙は130ページ

チラシや雑誌の広告なので、裏側はこんな風に。

満開の花を月がやさしく抱いて
神話のような、子守唄のような

77. 月と花模様

身近な紙で、こんなにあでやかな花も。
和紙とはまた違う質感も新鮮です。

型紙は130ページ

こちらは「月と花模様」の裏側。

Mobile 切り絵のモビール

作品に台紙を貼って糸でつなげば、モビールに！
こだわり派なら、裏返しの図案を反対側に貼って
リバーシブルにすると、より本格的です。

79. 小鳥

かわいい小鳥は、少しの風でくるくる動
くモビールに、ぴったりのモチーフです。
型紙は131ページ

78. 白い花

同じ白でも、暖かな質感の和紙だから、
ふっくらとやわらかな印象です。
型紙は131ページ

80. ネコ

白い花、小鳥とお揃いカラーの水
玉でコーディネートしています。
型紙は131ページ

81. **椿**

グラデーションの入り方を工夫すると椿らしいぽってり感が出てきます。

型紙は132ページ

82. **魚**

赤系で色付けすると鯛のイメージ。干支の動物と合せればお正月のお飾りに。

型紙は132ページ

83. **羊**

モコモコ暖かそうな羊に冬のフルーツ、リンゴをアレンジ。

型紙は133ページ

Mobile

どんなにカラフルでも、やさしい色合いだから、自然と部屋に馴染みます。

かわいい動物たち

夢見るウサギやあどけないコリスなど、かわいらしい動物たちがせい揃い。子どもたちもきっと喜ぶ、癒し系キャラクターたち。

Sweet Little Animals

84. ウサギ

ぽっちゃりスタイルが、かわいらしさの秘密。
ハートもきれいな色を選んでください。

型紙は134ページ

85. ネコ

自慢のトラ柄も、思いきった配色で
ファッショナブルに！

型紙は134ページ

86. アルマジロ

アルマジロだって配色で冒険。堅い甲羅をおしゃれに飾りましょう。

型紙は134ページ

87. コゾウ

ベレー帽みたいな真っ赤なリンゴが、コーディネート・ポイント！

型紙は134ページ

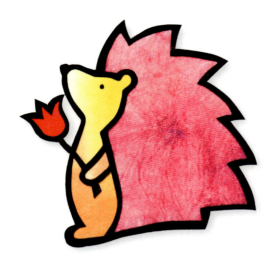

88. ハリネズミ

イガイガとした背中の毛を表す紙は、色むらと質感のある部分を選びました。

型紙は135ページ

89. ワニ

背中のウロコと歯の角は、ちぎらないよう、しっかりナイフを入れましょう。

型紙は135ページ

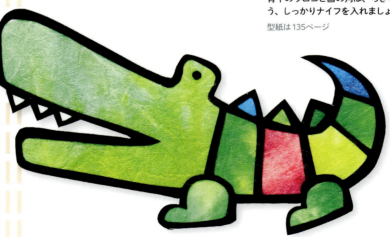

かわいい動物キャラクターは、
小さくても存在感バツグン！

Sweet Little Animals

90. リスとキノコ

キノコのパラソルが自慢のコリスくん。
シッポは、ぐるぐる模様の切り方でどうぞ。

型紙は135ページ

91. リスと魔法の杖

こちらはかわいい魔法使いのような
コリスくん。杖の先の星がポイントです。

型紙は136ページ

92. バク

胴体の白い部分は、淡いグラデー
ションで体の丸みを出しました。

型紙は135ページ

93. リス

小首をかしげたかわいい表情になる
よう、目と鼻の貼る位置は慎重に。

型紙は136ページ

羊の上にまた羊、そのまた上に…
何匹乗ったら眠れるのかな？

94. 3匹の羊

同じ白でも、1匹ずつに金箔片入り
や質感の違う和紙を使っています。

型紙は136ページ

Touch of stories
物語 のある 切り絵

つくる時からニコニコ顔になりそうな2作品。
どこかミステリアスなモノクロ切り絵と比べて、
カラフル切り絵はハッピーなお話が似合います。

収穫の後はせっせと種まき
来年の、未来の
おいしい実りのために

95. 未来のために

白い部分は「ちり入り」という和紙。
奥行き感のある背景になりました。

型紙は137ページ

96. あれれ

こちらも背景の白がポイント。凹凸のある質感が他の色を引き立てています。

型紙は138ページ

ごちそうのにおいに誘われて
登ってみたら…おっと先客が?

光を通すと、色だけでなく紙の質感もより味わい深く。

カラフル切り絵

少しずつ慣れていけば、こんな手の込んだ作品もつくれるように。
できあがりの存在感、華やかさも格別です。

Advanced Class

97. アール・ヌーヴォーの花

素朴なスミレの花を、アール・ヌーヴォーの工芸品のようにアレンジしました。

型紙は139ページ

98. 野花のブーケ

のびやかに咲く野花の花束。花びらと葉、一枚ごとの色選びを楽しんで。

型紙は140ページ

Advanced Class

見る角度や光の当たり方で変化する色合いもまた、和紙ならでは。

母ゾウは愛し子の、子ゾウは大好物の
夢を見ながら、うとうとゆらゆら

99. 夢見るゾウさん

ガネーシャではないけれど、神話の一
場面のように親子の姿を描きました。

型紙は141ページ

Advanced Class

100. お散歩ワニさん

**大きく複雑な図案ですが、基本は同じ。
慣れてきたら、ぜひ挑戦してください!**

型紙は142ページ

花のランプに照らされて、小鳥の水先案内で
ワニの散歩は今日もゴキゲン!

自由な
色づかいでつくる
世界にひとつの切り絵

　同じ型紙を使っても色の付け方は人それぞれ。同じものが2つとできないのも、カラフル切り絵の魅力です。その一例として、著者の教室の生徒のみなさんの作品をここでご紹介します。それぞれに個性的な『夢見るゾウさん』ですよね？作例にとらわれず、こんな風に自由な色づかいを楽しんでください。

体を茶色系にすると、
ぐんと落ち着いた雰囲気に。
（山田ゆかりさん作）

こちらが著者の作例。親子ともゾウの体はグレー系にしています。

親と子で微妙に違うオレンジ色がポイント。
(山田ゆかりさん作)

全体をベージュ系でまとめると、
やさしい印象になります。
（河田美鈴さん作）

母は濃色でどっしり、子供は明るく。
濃淡の配色が利いています。
（高木照子さん作）

ブルーに紫の色ムラが効果的！
台紙の色も印象的ですね。
（川元奈美さん作）

赤や青の強い色が差し色に。
良いアクセントになっています。
（川元奈美さん作）

コピーして使える
はじめてのカラフル切り絵
型紙集

コピーしてそのまま下絵として使えます。

ほぼすべて原寸大＊なので、本書の掲載作品と同じサイズの切り絵を作ることができます。また、拡大／縮小コピーで好みの大きさにしても楽しめます。

＊142ページの「お散歩ワニさん」のみ縮小掲載、
　125％に拡大すると作品原寸となります。

1. シルクハット

2. カトラリー

3. 花

4. 金魚

113

14. **オレンジ**

15. **バナナ**

16. **カボチャ**

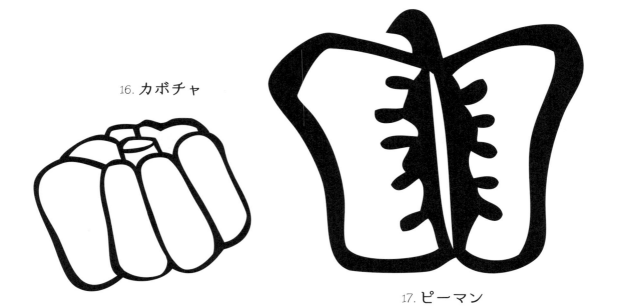

17. **ピーマン**

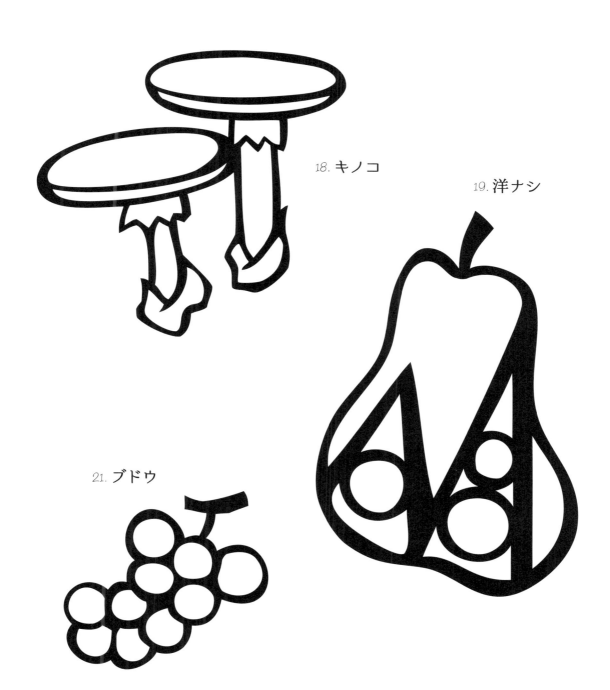

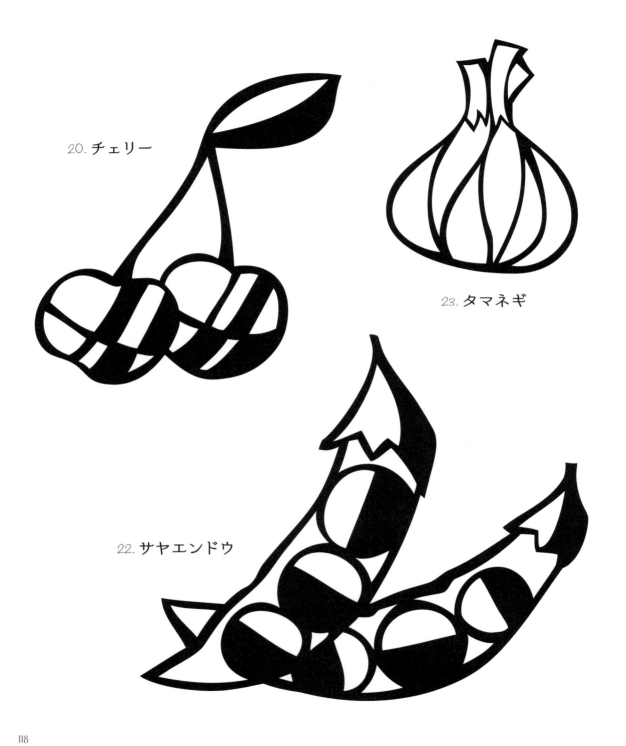

24. バラ

25. 赤い花

26. 白い花のリース

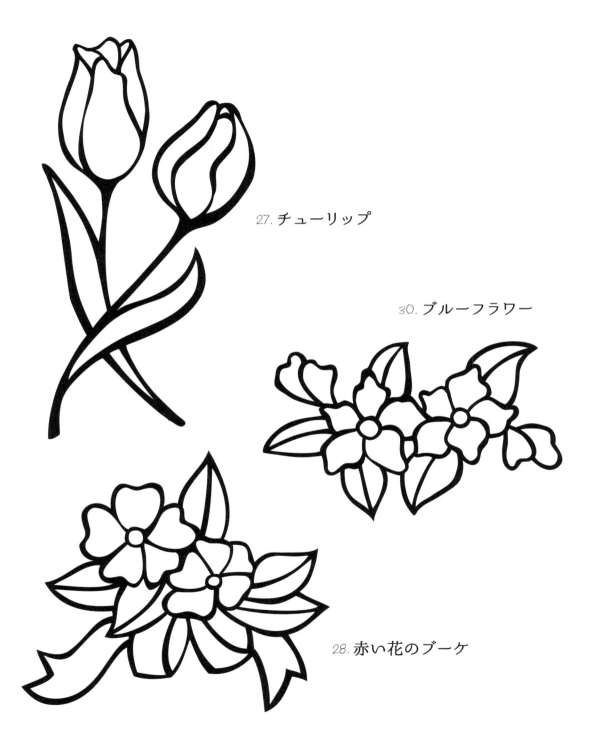

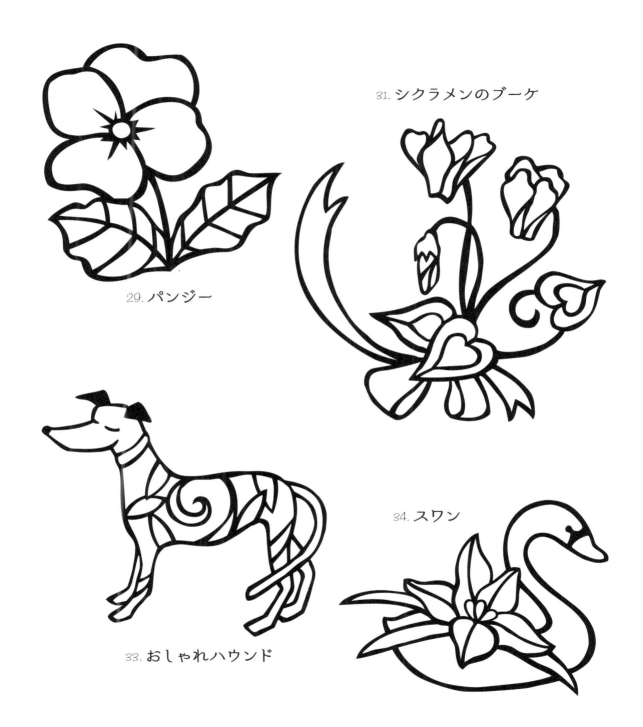

42. トンボ

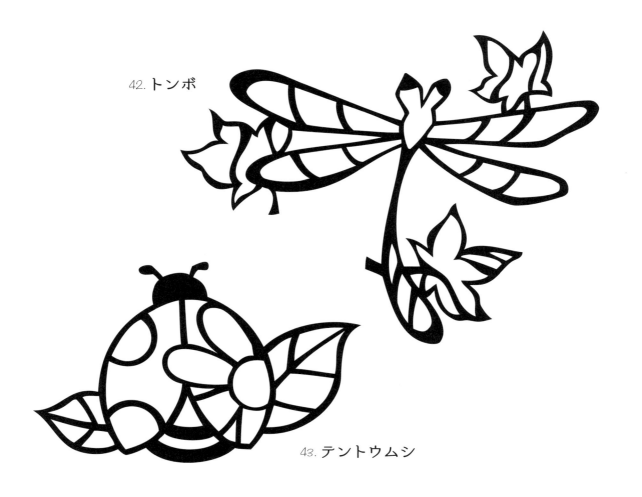

43. テントウムシ

44. アップルのA

45. ベアーのB

46. キャンディのC

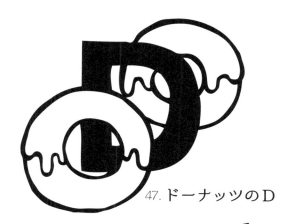
47. ドーナッツのD

48. エッグのE

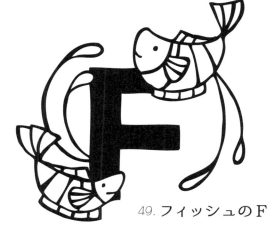
49. フィッシュのF

50. グレープのG

51. ハットのH

52. アイスクリームのI

53. ジュースのJ

54. キーのK

55. リリーのL

56. ムーンのM

57. ネックレスのN

58. オニオンのO

59. ピッグのP

60. クイーンのQ

61. ラビットのR

62. シェル(貝)のS

63. ティーカップのT

64. アンブレラのU

65. ヴェイン（羽根）のV

66. ホエール（クジラ）のW

67. クリスマスのX

68. ヨットのY

69. ゼブラのZ

70. 月

71. ヨット

72. ボート

73. ランプ

74. 三角屋根の家

76. 花

77. 月と花模様

75. 木

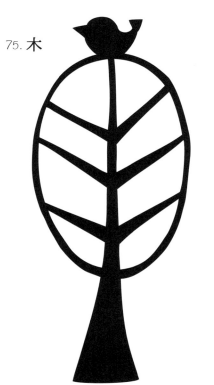

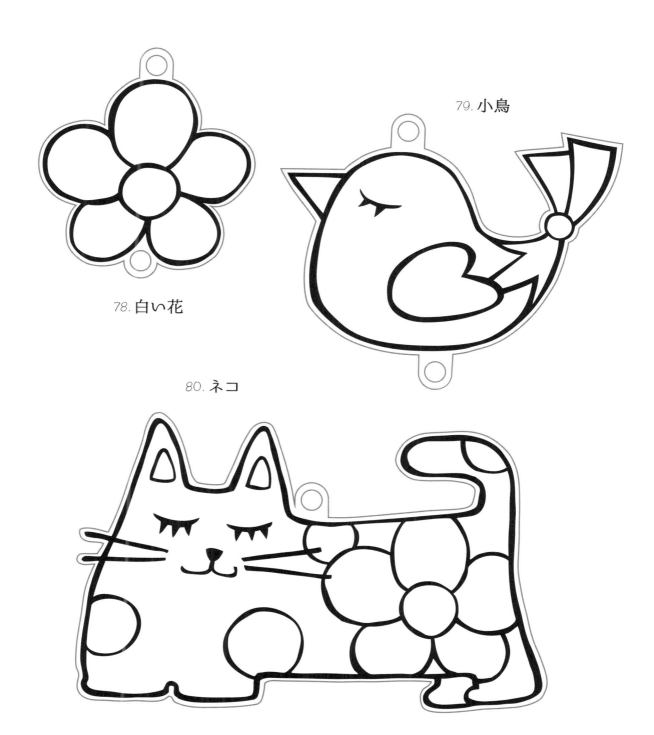

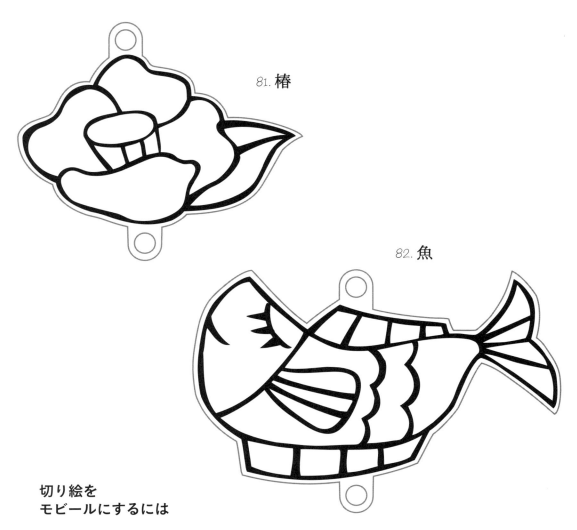

81. 椿

82. 魚

**切り絵を
モビールにするには**

● できあがった作品を白い画用紙に貼り付けます。

● 作品の上下に糸を通す穴を開けます。
　一番下のモチーフは上だけ穴を開けます。

● 穴も含めた輪郭よりもひとまわり大きく切り取ります。

● 糸でつなげばできあがりです。

● 裏側に図案を反転させた作品を貼り合わせれば、
　リバーシブルのモビールができます。

83. 羊

作品を画用紙に貼り付けます。

ひとまわり大きく切り抜きます。

93. リス

91. リスと魔法の杖

94. 3匹の羊

95. 未来のために

96. あれれ

97. アール・ヌーヴォーの花

98. 野花のブーケ

ゆまあひmaki

切り絵作家、イラストレーター。切り絵教室「アトリエゆまあひ」主宰。黒い紙をカットし、後ろから和紙を貼る手法で作品を制作。ステンドグラスの透明感と和紙の温かさ、自然な風合いを大切にして、どこか不思議で懐かしい世界観を生み出している。雑誌やステーショナリーグッズなど多岐にわたって活躍中。

http://yumaahi.com/

Staff

編集	山喜多佐知子（ミロプレス）
撮影	武井哲史
装丁・デザイン	大木美和　西島あすか　前田眞吉（em-en design）

好きな色で自由につくれる

はじめてのカラフル切り絵 NDC754.9

2015年3月16日　発　行

著　者	ゆまあひmaki
発行者	小川雄一
発行所	株式会社 誠文堂新光社
	〒113-0033　東京都文京区本郷3-3-11
	（編集）電話 03-5805-7285
	（販売）電話 03-5800-5780
	http://www.seibundo-shinkosha.net/
印刷所	株式会社 大熊整美堂
製本所	和光堂 株式会社

©2015, Maki Yumaahi.
Printed in Japan

検印省略
禁・無断転載

落丁・乱丁本はお取り替え致します。

本書のコピー、スキャン、デジタル化等の無断複製は、著作権法上で
の例外を除き、禁じられています。本書を代行業者等の第三者に依頼
してスキャンやデジタル化することは、たとえ個人や家庭内での利用
であっても著作権法上認められません。

Ⓡ〈日本複製権センター委託出版物〉
本書を無断で複写複製（コピー）することは、著作権法上での例外を除
き、禁じられています。本書をコピーされる場合は、事前に日本複製
権センター（JRRC）の許諾を受けてください。
JRRC〈http://www.jrrc.or.jp/　E-mail:jrrc_info@jrrc.or.jp　電話03-3401-2382〉

ISBN978-4-416-31505-7